어느덧 구순(九旬), 파도처럼 살아온 졸수(卒壽)

새로워진 마음으로

이근풍 시집

오늘의문학사

새로워진 마음으로

| 시인의 말 |

해 설핏한 서산마루에 고목 한 그루 세찬 바람에 흔들리고 있다. 파도처럼 살아온 인생길 어느덧 구순(九旬), 꽃잎 떨어진 뒤에야 봄이었음을 알았고, 단풍잎 진 뒤에야 가을이었음을 알았다.

부질없이 걸어온 인생길, 참 머~언 길 걸어왔다. 걸어오면서 등에 진 짐 내려놓으며 조금은 비우는 법도 알았다. 나는 지금 버릇처럼 매일같이 동네 뒤 건지산을 산책하면서 휘청거리는 몸과 영혼의 불꽃을 살리고 있다.

고목나무가 더 좋은 열매를 맺을 수 있고, 하루의 햇빛 중에서도 제일 아름다운 빛이 저녁노을인 것을, 나 또한, 진정으로 결 고운 시상에 젖어 희망, 사랑, 행복을 노래하고 싶었다.

2025년 을사년 새봄을 맞아 내 손을 잡아준 시 100편으로 23번째 시집『새로워진 마음으로』를 펴낸다. 독자의 마음을 따뜻하게 안아주고, 희망의 불씨가 되었으면 좋겠다는 마음을 담았다.

2025년 초봄
小泉 우거에서 이 근 풍

| 목차 |

시인의 말 • 5

제1부 새로워진 마음으로

세월 앞에 • 15
한 송이 꽃도 • 16
새로워진 마음으로 • 17
인생살이 하는 동안 • 18
마음 하나로 • 19
남아있는 여행길도 • 20
인생길을 가는 동안 • 21
어려움이 뒤따라도 • 22
자기 앞에 있는데도 • 23
떠오르지 않는 시상 • 24
계획 세워 실천해도 • 25
때늦은 감 있다 해도 • 26
행복의 길 찾는다면 • 27
일상은 고달파도 • 28
완벽하게 했다 해도 • 29
텅 빈 가슴으로 • 30
그대는 내 가슴에 • 31
인생길의 길동무로 • 32
가을 잎새 • 33
지난날을 생각하며 • 34

제2부 사랑의 꽃씨

사랑비 • 37
가을 어느 날 • 38
보고 싶은 친구 모습 • 39
낙엽 • 40
살다 보면 빠른 것이 • 41
박꽃 • 42
첫눈 내리는 날 • 43
자신의 행복 • 44
길동무 되어주는 별 • 45
시류(時流) • 46
열매로 맺힌 행복 • 47
남자의 속울음 • 48
가을비 • 49
미련 • 50
시간을 자유롭게 • 51
사랑의 꽃씨 • 52
할미꽃 • 53
사랑의 향기 • 54
건조해진 마음밭에 • 55
단풍꽃 • 56

제3부 사랑 담은 꽃 편지

꿈을 갖고 가다 보면 • 59
최고의 행복 • 60
가슴에 묻어두고 • 61
꽃은 • 62
사랑 담은 꽃 편지 • 63
끊임없이 노력해도 • 64
어느 사이 세월 흘러 1 • 65
젊어서는 몰랐던 일 • 66
어느 때나 찾아가도 • 67
눈꽃 • 68
시는 나에게 • 69
복사꽃 • 70
새 생명의 숨결 소리 • 71
고향 떠난 친구 • 72
꿈을 갖고 살아가며 • 73
시를 만나면 • 74
지난 세월 돌아보니 • 75
나의 시 쓰기 • 76
희망봉을 바라보며 • 77
어느 사이 세월 흘러 2 • 78

제4부 햇님이나 달님 보며

독백 • 81
노력 없이 되는 일은 • 82
성공의 길 열린다면 • 83
이른 봄날에 • 84
햇님이나 달님 보며 • 85
끊임없는 노력으로 • 86
한 송이 꽃이 되어 • 87
언제까지나 • 88
봄이 오는 길목 • 89
백목련 • 90
고향에 가면 • 91
사랑에 대한 독백 • 92
꽃은 • 93
편지 • 94
고향은 • 95
낙엽을 통해 • 96
걸어온 인생길 • 97
시 사랑 마음 • 98
사랑 담긴 말 한마디 • 99
나눔 • 100

제5부 세월이 흐를수록

시의 꽃 • 103
잘못한 일 모두 잊고 • 104
천당길은 멀고 먼데 • 105
바른 마음 정신으로 • 106
한결같은 마음으로 • 107
고향은 푸른 꿈 • 108
인생 고개 • 109
고향의 은혜 • 110
마음 문 • 111
세월이 흐를수록 • 112
꿈은 • 113
희망봉 • 114
고향마을 저수지 • 115
어느 때 찾아가도 • 116
바닷가에서 • 117
욕망의 바다에 • 118
인정 • 119
불 꺼진 밤에 • 120
행복의 꽃 • 121
한 편의 시의 꽃 • 122

이근풍 시집 『새로워진 마음으로』

제1부

새로워진 마음으로

세월 앞에

지난날의 싱그러움
오간 데 없고

어느덧 세월 흘러
언제 질지 모르는
가을 잎새

그렇게 흔들리고 있는
자신을 본다.

한 송이 꽃도

산과 들에 피어난
한 송이 꽃도
보는 사람들에게
사랑이 되고
희망이 된다

사람들의 마음
밝히는 등불이 되고
세속의 찌든 마음
맑게 해주는
정화제가 된다.

새로워진 마음으로

우리 가는 인생길
변함없는 사랑으로
아름답게 가꾸면서

행복함을 모른다면
한평생을 사는 동안
무슨 가치가 있겠는가

새로워진 마음으로
행복의 꽃 피워보세.

인생살이 하는 동안

인간으로 태어나서
보람 있는 일 못하고
고생고생하다 말면
삶의 가치 있겠는가
인생살이 하는 동안
어떠한 일 있다 해도
보람 있게 살기 위해
끊임없이 노력하세
잘못 가던 인생길도
바른길을 찾아가면
인생길의 마무리는
아름답게 할 수 있네
떠나면서 미련 두면
간다 간다 떠나간다
소리 없이 떠나라네
떠나면서 미련 두면
먼 여행길 걸림돌
되돌아보지 말고
앞만 보고 가라 하네.

마음 하나로

넓고 깊은 마음으로
살아가는 사람
세상을 보는 마음
넓고 깊으며

좁은 마음으로
살아가는 사람
안목 얕고 좁아

어떤 마음으로
살아가느냐 하는
마음 하나로
한생 좌우된다.

남아있는 여행길도

노을빛 아름다움
가슴을 물들인다

먼 훗날
자신이 선택한 길
후회 없도록

남은 열정
모두 쏟는다면
남아있는 여행길도
여유롭게 갈 수 있으리.

인생길을 가는 동안

인생살이 하는 동안
욕심으로 찌든 마음
무엇으로 정화할지
다시 한번 되새기네

인생길을 가는 동안
남긴 것은 무엇인가
생각하는 시간 갖네

살다 보면 빠른 것이
세월임을 알았을 땐
잘못 가던 인생길도
되돌릴 수 있게 되네.

어려움이 뒤따라도

내 뜻대로 산다 해도
성공길은 멀고 먼 길
계획 없이 가는 길은
낙오자가 되기 쉽고
우리 가는 인생길에
어려움이 뒤따라도
당당하게 물리치고
올바르게 가야 하면
비록 가다 실패해도
훌훌 털고 일어서서
새로운 길 찾기 위해
앞만 보고 가는 길이
성공의 길 가는 것을.

자기 앞에 있는데도

누구나가 원한 행복
자기 앞에 있는데도
고행 떠나 찾으려고
방방곡곡 여행하다
제자리로 돌아온다
우리 가는 인생길은
오는 길도 가는 길도
자유롭게 한다 해도
아쉬움이 남지만은
하고 싶은 일 하면서
사는 것이 행복이다.

떠오르지 않는 시상

시인으로 사는 동안
마지막 길 가기 전에
좋은 시를 남기려고
제아무리 노력해도
떠오르지 않는 시상

어느 정도 노력해야
쓰고 싶은 좋은 시가
영감으로 솟아날지
기다리고 기다려도
떠오르지 않는 시상.

계획 세워 실천해도

아무것도 남김없이
이승 떠날 생각하니
한스럽기 그지없네
지난날은 생각 없이
남아있는 기간 내에
보람된 일 하고 싶다
노력하며 사는 일로
보람 있는 일을 찾아
끊임없이 노력하며
계획 세워 실천해도
성공하기 어렵기에
있는 힘을 다한 거다.

때늦은 감 있다 해도

인생길의 마무리가
되어가는 아직까지
세상 물정 몰랐는데

때늦은 감 있다 해도

행복하게 살 수 있는
삶의 터전 이루려는
자신감이 솟아난다.

행복의 길 찾는다면

온갖 시련 겪으면서
지금까지 살아오며
행복의 길 찾기 위해
방방곡곡 헤맸으나
아직까지 찾지 못해
찾으려고 노력한다
맑은 정신 마음으로
행복의 길 찾는다면
이루려는 삶의 터전
마련할 수 있으리란
희망 갖고 노력하면
성공할 수 있게 된다.

일상은 고달파도

우리네 삶
일상은 고달파도
살아간다는 것만으로도
얼마나 행복한가
누구나가 소망하는 행복
마음가짐 아니던가
스스로 마음의 감옥에
갇혀 살지 말고
마음의 문
활짝 열어놓고
자유롭게 살아가는 길
우리 가는 인생길 중
가장 행복한 길이 된다.

완벽하게 했다 해도

지금까지 생활하며
꿈을 안고 행한 일을
다시 한번 생각하자

완벽하게 했다 해도
능력이란 한계에서
벗어나지 못하는 것

인생살이 한평생을
마감하는 그날까지
후회 없는 삶 되도록
올바른 길 찾는 거다.

텅 빈 가슴으로

날마다 전화 걸어
정담 나누던 친구

하루 중 가장 즐거웠던
일과 하나가
줄어들면서
마음 우울해지고
가슴 한켠 시려오네

텅 빈 가슴속으로
찬바람만 들어오네.

그대는 내 가슴에

그대는 내 가슴에
촉촉하게 젖어 드는 봄비다

여름철에 붉게 피는
장미꽃 향기다

가을철의 산과 들에
오색 무늬 수놓는 꽃이다

겨울에 내린 첫눈처럼
순백의 사랑이다.

인생길의 길동무로

홀로 가는 인생길이
그 얼마나 외로운지
지금까지 살아오며
경험하지 못했었네

흘러가는 세월 따라
오랜 세월 살다 보니
나 자신도 모르는 사이
외로움이 찾아왔다

이제부터 외로움과
종착역에 갈 때까지
인생길의 길동무로
정다웁게 살아간다.

가을 잎새

오색 무늬 수놓은
날개옷 갈아입은
가을 잎새

더 높이 더 멀리
푸른 하늘 날고픈
아름다운 꿈을 꾸네.

지난날을 생각하며

인생살이 하는 동안
한결같은 마음으로
어떤 길을 갈 것인가
다시 한번 생각하네

시인으로 살아왔던
지난날을 생각하며
앞으로도 변함없는
한평생을 사는 동안

시를 쓰며 살았듯이
인생살이 한평생이
보람 있는 삶이었네.

제2부

사랑의 꽃씨

사랑비

봄을 재촉하는
사랑비 나리는 날이면
누군가가 그리워진 날이다

옛 추억 그리움
되살아나는 날이다

지난날 자신의 삶
되돌아보며
자신의 시간 갖는 날이다

자신의 사랑 꽃피울
아름다운 꿈
꾸는 날이다.

가을 어느 날

날씨 청명한
어느 가을날
산마루를 넘는 노을빛

무념무상에서 깨어나
정신을 가다듬고
지난날 즐거웠던 일
괴로웠던 일
슬펐던 일 모두 잊고
새로운 마음으로
살아가겠다는
다짐을 했을 때

가슴에서는
새로운 힘이
힘차게 솟아올랐다.

보고 싶은 친구 모습

이승과 저승이 다르니
볼 수 없네요

오랜 그리움 살아온 세월
그 몇 해던가요

이승보다 저승 생활
더 바쁘시나요

보고 싶은 친구 모습
보이지 않네요

흘러가는 세월만큼
그리움만 쌓이네요.

낙엽

못다 한 사연
가슴에 묻어두고
오랜 기간 쌓아온 정
훌훌 털고 일어서서
다정히 속삭이던 사랑
추억으로 남긴 채
먼 길 떠난 낙엽
아쉬움 남는 듯
가던 길 멈추고
자리 뜨지 못하네.

살다 보면 빠른 것이

인생살이 하는 동안
욕심으로 찌든 마음
무엇으로 정화할지
다시 한번 되새긴다

한번 가면 오지 못할
인생길을 가는 동안
남긴 것은 무엇인가
생각하는 시간 된다

살다 보면 빠른 것이
세월임을 알았을 때
잘못 가던 인생길도
되돌릴 수 있게 된다.

박꽃

보는 이의 마음
포근하게 해주는
어머니 닮은 꽃

고향 떠나 타향살이
찌든 마음도
맑게 해준다

언제까지나
고향 사랑 마음으로
살아갈 수 있도록
사랑 전한다.

첫눈 내리는 날

첫눈 내리는 날이면
내 가슴에서도
눈꽃 피어나는 날

세속의 온갖 고뇌
말끔히 씻어내고
눈과 하나 되는 날

모처럼
세속의 시름 모두 잊고
무(無)로 돌아가는 날.

자신의 행복

자신을 사랑할 줄
아는 사람은
자신의 행복
찾을 줄 아는 사람

어디에서나
주인공으로
살아갈 줄 아는 사람

사회에 공헌하며
봉사하는 마음으로
어려운 이웃과
자신의 사랑 행복
나눌 줄 아는 사람.

길동무 되어주는 별

새벽별의 눈빛
더욱 빛나는 별

새벽길 가는 나그네
길동무 되어주는 별

인생길 안내자로
나그넷길 끝까지
동행하는 별.

시류(時流)

나라 사랑 마음도
이웃 간의 따뜻한 정도
친구와의 우정도

모두 식어가네

끝까지 지키지 못한
인간의 도리

시류(時流) 따라 흐르는
물줄기인데
누가 막으랴.

열매로 맺힌 행복

불어오는 가을바람
무더위에 찌든 마음

말끔히 씻어내고
넉넉해진 마음속

열매로 맺힌 행복
가슴 가득 차오르네

가을의 풍요 속에
높아지는 행복지수.

남자의 속울음

타향살이 외로울 때나
사업에 실패했을 때

삶의 매듭
가슴에 맺힌 한
풀리지 않을 때

자신의 무능력
보이지 않기 위해
속울음 울던 남자

생활하며 부딪친
어려움 딛고
오뚜기처럼 일어서서

소나기 지나간 후
뜨는 무지개처럼
빛을 발한다.

가을비

떠난 자의 눈물인가
이별을 재촉하는
가을비가 내리네
가을비에 젖어 드는
외로움으로
온갖 상념 하나로
정리되지 않고
산산이 흩어지네.

미련

이른 봄날에
화사하게 피어날
꽃봉오리

짓궂은 비바람에
피어나지 못하고
흘리는 눈물

푸르렀던 꿈
꽃피우지 못하고
미련으로 남네.

시간을 자유롭게

아무리 보람되고
값진 삶이었다 해도
흘러간 시간보다
앞으로 남은 시간
더 값지고
소중하다며
시간에 갇혀
끌려가며 살려 말고
시간을 자유롭게
쓸 줄 아는 사람으로
살아가라 하네.

사랑의 꽃씨

그대가
내 마음밭에 뿌려놓은
사랑의 꽃씨

싹트고 자라서
피어난 사랑꽃
마음밭을 밝힌다

앞으로 가야 할 길
인생길 밝혀주는
희망의 등불 된다

언제까지나
지지 않는 사랑꽃으로
내 가슴을 밝힌다.

할미꽃

양지바른 언덕에
자리 잡은 할미꽃
오가는 길손에게
허리 굽혀 인사하네

배어있는 외로움도
의연하게 이겨내고
사랑 전하는
할미꽃 만난 길손

할머니의 사랑
그리웠는지
가던 발길 멈추고
떠나기 전 다시 한번
인사를 하네.

사랑의 향기

아내가 나에게
사랑 향기 모르는
목석(木石) 같은 사람이란다

사랑 향기는
꽃에서 묻어나는
맑은 향기처럼
가슴 깊이 스며든다는
아내의 말

졸수(卒壽)에 깨닫게 된
사랑의 깊은 의미.

건조해진 마음밭에

그대가
날마다 전해주던
사랑의 생수

끊기고 난 후
가슴에서 솟아나던
사랑의 생수

절로 멈춘 후
건조해진 마음밭에
잡초만 무성하네.

단풍꽃

나도 꽃이다

불꽃처럼
타오른 꽃이다

어떤 꽃과
당당하게 아름다움
견줄 수 있는 꽃이다.

제3부

사랑 담은 꽃 편지

꿈을 갖고 가다 보면

우리 가는 인생길이
제아무리 험난해도
꿈을 갖고 가다 보면
없던 힘도 솟아나며
목적지에 도달하면
보람 있는 일이 된다

가도 가도 끝이 없는
멀고 먼 길 돌고 돌아
여유로운 마음 갖고
주변 전경 음미하며
쉬엄쉬엄 가다 보면
목적지에 도달한다.

최고의 행복

인생길
최고의 행복
경제적 부(富)도
높은 직위도 아니다

평온한 마음으로
평범하게 살다가
마지막 가는 길

오랜 병으로
고통받지 않고
소리 없이
가는 길이다.

가슴에 묻어두고

사랑했던 사람
이승 떠나
보고 싶을 때
보지 못하고
살아간다는 것
얼마나 큰 형벌인가
보이지 않는 고통
안타까운 사연
가슴에 묻어두고
남모르는 고독 속에
살아가는 사람들.

꽃은

아름다움 전하는
사랑의 전도사다

보는 이의 마음
밝게 해주던
지난날의 삶
되돌아보게 해준다

어떤 역경하에서도
아름다운 꿈
꾸게 하는 사랑이다.

사랑 담은 꽃 편지

사랑 담은 꽃 편지로
봄소식을 전한다

꽃 편지 받아
읽을 때는
잔잔하게 흐르는
사랑의 물줄기가
가슴 깊이 흘러들어
행복을 꿈꾼다

영원한 사랑
굳게 다짐하는
참으로 기쁜 날이다.

끊임없이 노력해도

지금까지 사는 동안
어떤 일을 해왔으며

해놓은 일 무엇인가
다시 한번 생각한다

행복하게 살겠다고
끊임없이 노력해도

얻지 못한 좋은 결과
아쉬움만 남게 된다.

어느 사이 세월 흘러 1

인생살이 하다 보면
흐른 세월 잘도 가며
살다 보면 알 것 같은
사는 재미 몰랐었다

보람 있게 살려 해도
자신의 뜻 이루기 전
어느 사이 세월 흘러
뜻 이룰 수 없게 된다

우리 가는 인생길은
가도 가도 끝없는 길
빨리 감이 성공인 듯
정신없이 달려간다.

젊어서는 몰랐던 일

오랜 세월 살다 보면
나누면서 사는 일이
아름다운 삶이란 걸
뒤늦게야 깨닫는다

앞으로만 달려가다
젊어서는 몰랐던 일
나이 들어 알아가며
새로운 길 찾는다.

어느 때나 찾아가도

타향살이 외로울 때
어느 때나 찾아가도
웃음으로 반겨주고
떠나올 때 고향의 정
가슴 가득 채워준다

제아무리 오랜 세월
타향살이했다 해도
아름다운 고향 산천
세월 가도 잊지 않고
행복하게 살아간다.

눈꽃

매년 겨울
기다리던 꽃
활짝 피는 날이면

나도 한 송이
눈꽃이 된다

신비롭게 피어난
눈꽃 보고 있으면
맑아지는 정신 마음

세속에 찌든 마음도
맑게 씻는다.

시는 나에게

외로움의 그늘
벗어나게 해주고
날마다 새로운 꿈
꾸게 해준다

인생길 열어주는
열쇠도 되고
자신의 행복
가꾸어 가는
터전도 된다

가도 가도 끝없는 길
여유로운 마음 갖고
길 떠나게 한다.

복사꽃

누나의 가슴에
복사꽃 피는
이른 봄이면

누나의 얼굴에서는
웃음꽃 피어난다

누나는 복사꽃
기다렸다는 듯
가슴을 활짝 열고

사랑의 대상
공개 구혼을 한다.

새 생명의 숨결 소리

이른 봄날 들녘에서
새 생명의 숨결 소리
들려올 때면
더욱 커가는
심장의 고동 소리

어느 사이
들녘의 봄 향기가
가슴으로 들어오면
봄맞이 가자고
요동치는 손사래.

고향 떠난 친구

그대는
어느 때 만난다 해도
고고한 기품 간직한
봄날의 홍매화

드넓은 바다
푸르른 물결 같은 친구
황금물결 출렁이는
가을 들녘

가슴 설레이는
겨울날의
눈부신 눈꽃으로
내 가슴에 남아있다.

꿈을 갖고 살아가며

인생살이 하는 동안
비록 삶은 고달파도
꿈을 갖고 살아가며
사랑꽃을 피워보세

모두 같이 가야 할 길
서로서로 도우면서
사랑하고 존경하며
행복하게 살아보세.

시를 만나면

어느 때
어느 곳에서
만난다 해도

시를 만나면
첫사랑 연인
만난 것처럼
설레는 마음
뜨거워진 가슴

사랑이 되어
언제까지나
가슴에 남네.

지난 세월 돌아보니

앞만 보고 달려간
지난 세월 돌아보니

하루 생활 소중함을
모두 잊고 살아왔다

굽이굽이 돌고 돌아
80 고개 넘게 되니

밀려오는 삶의 파도
두려울 게 없게 된다.

나의 시 쓰기

형식에 구애받지 않고
자유롭게 시를 쓴다

시의 대상 하나하나
사랑으로 꽃피운다

맑은 시향
묻어날 수 있도록

독자의 가슴 깊이
스며들 수 있도록

새로운 시의 꽃으로
피어날 수 있도록

시를 쓰는 시간이
가장 행복한 시간이다.

희망봉을 바라보며

인생살이 한평생을
일만 하며 보낸다면
그 얼마나 억울할까
다시 한번 생각한다

하는 일이 즐거우면
매일 하며 웃으면서
희망봉을 바라보며
꿈을 향해 달려간다.

어느 사이 세월 흘러 2

찾아 나선 바른길은
어디에서 찾을 건지

나 자신도 알지 못해
방방곡곡 헤매었다

모진 세월 이겨내고
사는 맛을 알았을 때

어느 사이 세월 흘러
떠날 날이 다가오네.

제4부

햇님이나 달님 보며

독백

날로 각박해 가는
사회상
인정이 고갈된 시대

세상사 모두 잊고
살아가면
따뜻한 사랑의 불씨

가슴 깊이 간직하고
밀려오는 삶의 파도
헤쳐 나가야 하리.

노력 없이 되는 일은

잘못한 일 있다면
스스로의 노력으로
바꿀 수도 있는데도
팔자타령 미리 한다

어떠한 일 한다 해도
노력 없이 되는 일은
단 하나도 없다는 것
살아가며 깨닫는다.

성공의 길 열린다면

성공하기 위해서는
끊임없는 노력으로
성공의 길 열린다면
축복받아 당연하다

노력 없이 이룰 일은
어디에서 찾겠는가
자신의 꿈 이룰 길은
오직 한길 노력이다.

이른 봄날에

산과 들에 피어난
아름다운 꽃

그 향기에
젖어보기도 전에

지는 꽃잎
눈물을 보탠다.

햇님이나 달님 보며

사는 일이 힘들어서
포기하고 싶은 일도
햇님이나 달님 보면
새로운 힘 솟아난다

한 번뿐인 인생살이
보람 없이 보낸다면
찾고 있던 삶의 가치
어디에선가 찾게 된다

끊임없는 노력으로
자신의 꿈 이룬다면
가도 가도 끝없는 길
즐거웁게 갈 수 있다.

끊임없는 노력으로

한평생을 어찌 살지
걱정 없이 살기 위해
끊임없는 노력으로
행복한 삶 가꿔간다

우리 가는 인생길은
고생 않고 갈 수 없다
어려움을 극복하고
최후 승자 되어보리.

한 송이 꽃이 되어

날마다 꽃 가꾸며
꽃 사랑 마음으로
살아간다면

자신도 한 송이

아름다운 꽃이 되어
사랑받게 되는 날
돌아온단다.

언제까지나

삶을
두려워 말자

인생길
떠난다 해도

언제까지나
발자취는 남으리.

봄이 오는 길목

봄의 교향곡
온 누리에 번지네

봄바람이 살랑살랑
불어올 때

봄날의 햇님이
따뜻한 사랑 보내면
초목(草木)이 꽃등을 달고
세상을 밝힌다

우리들의
마음을 밝힌다.

백목련

순결을 지켜가는
사랑꽃으로

사랑의 진수(眞髓)
보여주는 꽃

꽃 가까이
다가가는 사람들

그 아름다움
향기에 취해
자리 뜨지 못하네.

고향에 가면

고향 떠나 타향살이
반백 년인데

아직도 고향에 가면
애써 가꾼 농작물도
아낌없이 내준다

세태가 변해도
인심은 변치 않는
고향 사람 따뜻한
마음에 감격한다

가슴 따뜻한
사랑을 만난다.

사랑에 대한 독백

그대의 깊은 향기에
취해보고 싶었다

따뜻한 가슴에
안겨보고 싶었다

빛나는 눈빛 속에
빠져보고 싶었다.

꽃은

꽃 가까이하는 사람
일상의 고뇌도
말끔히 씻어 간다

인생길 가는 동안
아름다운 꿈
꾸게 해주고

굳게 닫힌 마음의 문
활짝 열어주면

사랑의 깊은 은혜
깨닫게 되는
뜻깊은 시간이다.

편지

나는 늘 편지를 쓴다

꽃 피는 봄날에는
화사하게 피어난
꽃을 보고 느낀 소감

여름에는 소나기
지나간 후 뜨는
무지개 보고

가을이면 각양각색
수놓은 단풍꽃
소리 없이 지는 낙엽

겨울이면
첫사랑의 순결 같은
눈꽃을 보며

사랑의 편지를 쓴다.

고향은

나를 키워준
어머니의 품이다

어느 때 찾아가도
가슴 따뜻해지고

사랑 행복이
찾아드는 곳이다

언제까지나
옛 추억 그리움

사랑의 대상으로
남아있는 곳이다.

낙엽을 통해

불어오는 바람 따라
작별 인사 나누고
길 떠나던 낙엽 한 잎
사람 온기 그리운지
건지산 둘레길
산책하던 중
잠시 의자에 앉아
쉬고 있는 사이
낙엽 한 잎
무릎에 내려앉아
떠날 줄을 모르는
낙엽을 통해
인생길 나그네
단면을 다시 본다.

걸어온 인생길

한평생 살아오며
마음 한번
크게 쓰지 못하고

살얼음판 걷듯
조심조심
걸어온 인생길

세상을 넓게
멀리 보지 못하고
살아온 세월.

시 사랑 마음

40여 성상
시의 밭을 가꾸며

나비처럼 춤추고
새처럼 노래하며
자유롭게 살았다

먼 훗날
이승 떠나는 날

시 사랑 마음
꽃 사랑 마음으로
살아왔기에

인생살이 한평생
행복한 삶이었다.

사랑 담긴 말 한마디

날로 각박해 가는
사회 현실

사람들의 메마른
감성 때문인지

희망 되고
용기 되는

사랑 담긴 말 한마디
듣기 어렵네.

나눔

우리네 삶의 뿌리
나눔이란다

인간관계 형성의
핵심으로
끊임없이 이어가는
인연의 끈이란다

인생길 가는
행복의 지름길
복지사회 건설하는
초석이 된다.

제5부

세월이 흘를수록

시의 꽃

시의 꽃
한 송이가
아름답게 피어나

독자의
가슴 깊이
시 향기가 번지면

세월은
흘러가도
향기는 여전하리.

잘못한 일 모두 잊고

지난날을 돌아보며
잘못한 일 모두 잊고
새로워진 마음으로
즐거웁게 살아보세

한평생을 살아가며
허물없이 사는 사람
그 얼마나 되겠는가
자성하며 살아보세.

천당길은 멀고 먼데

누구나가 가고자 한
천당길은 멀고 먼데
단 한 치도 양보 없이
앞다투어 달려간다

자신만의 이익 위해
동분서주하던 사람
천당 가려 한다 해도
하늘 문이 닫힐걸.

바른 마음 정신으로

한 번뿐인 인생살이
무엇하고 살았는지
지난날의 자신의 삶
다시 한번 돌아본다

살아오며 다른 사람
상처 주지 않기 위해
바른 마음 정신으로
올바르게 살아왔다.

한결같은 마음으로

우리 모두 사는 동안
한결같은 마음으로
정 나누며 살아가며
사랑꽃을 피워보세

오고 가다 만난 인연
정다웁게 사랑으로
아름답게 가꿔 가며
행복하게 살아보세.

고향은 푸른 꿈

동심의 푸르른 꿈
키워준 고향

어느 때 찾아가도
가슴 따뜻해지는 곳이다

삶의 활력소
채워주는 곳이다

삶의 안식처로
남아있는 곳이다.

인생 고개

고개는 넘고 넘어도
넘을 고개 남는다

한 고개
넘을 때마다

고개 너머엔
뭐가 있을까

기대와 희망으로
가슴이 뛴다.

고향의 은혜

고향마을 뒷산
진달래꽃이

마을 앞을 흐르는
맑은 냇물이

산새 들새들이 들려준
사랑 노래가

나를 시인으로
키워준 고향

오랜 세월 흐른
아직까지도

고향 은혜 갚지 못하고
세월만 흘려보내네.

마음 문

날로 각박해 가는
사회 현실 때문인지

마음 문
여는 이보다
닫는 이가 더 많네

마음의 문
활짝 열어 놓아도

무엇이 두려운지
들어오는 이 없네.

세월이 흐를수록

사람들은
자신의 능력의 한계
알지 못하고

때 되면
물러날 줄도
내려놓을 줄도
알아야 하는데

세월이 흐를수록
더 높은 곳
더 많은 것 얻으려 하다

한평생 쌓아 올린
공든 탑 무너뜨린 후
후회하며 살아가네.

꿈은

인생길 밝혀주는
희망의 등불이다

가슴속에 출렁이는
푸르른 물결이다

수평선 위로 떠오르는
눈부신 태양이다

푸르른 창공
날아오르기 위한
푸르른 날갯짓이다.

희망봉

가도 가도
끝 보이지 않는 희망봉

절대로
포기는 없다

인생길 끝
희망봉 향해

달리고
또 달리고 있다.

고향마을 저수지

고향마을 앞에는
저수지가 있다

저수지 맑은 물속엔
다양한 어종이
서식하고 있다

평소에는 한적하다

주말이면
강태공들 찾아와
세월을 낚는다.

어느 때 찾아가도

아직도 고향에는
가슴 따뜻한
사랑이 있다

어느 때 찾아가도
마르지 않는
인정의 샘이 있다

후한 인심
보고 싶은 얼굴이 있다

가슴 깊이 남아있는
유년의 추억이 있다.

바닷가에서

우리네 삶은
파도타기다

처음은 두려웠으나
오랜 세월 타다 보니
달인이 되었다

이제는 두렵지 않다

아무리 거센
파도라 해도
오랜 체험을 통해
극복해 갈 능력이 있다.

욕망의 바다에

지나친
경제적 욕구는
파탄의 길로 가는
지름길이다

성공의 가능성
희박한데도
욕망의 바다에
뛰어든 사람들

삶의 파도에 휩싸여
헤어나지 못한다.

인정

나누는
인정 속에서

피어나는 행복꽃

가는 정
오는 정으로
세상인심 바꾼다.

불 꺼진 밤에

사회는 혼탁해 가도
살아있는 양심은 있다

불 꺼진 밤에
양심의 등불
밝힌 사람들

불어오는 바람에도
흔들림 없이
올바른 길 갔으면 좋겠네.

행복의 꽃

주고받은
사랑 속에서
꽃 피는 행복

누구나가 원하는
행복의 꽃은
사랑 속에 있다.

한 편의 시의 꽃

자신이 가꾼 시의 꽃에서
묻어나는 맑은 시향이

독자의 가슴 깊이
자연스럽게 스며들기 바라는
희망을 담았다

두고두고
사랑받는 꽃으로
남아있기를 바라는
사랑을 담았다

시인의 길이
고난의 길이라 해도
자신이 가꾼 시의 꽃 속에
행복을 담았다.

이근풍 시집 『새로워진 마음으로』

새로워진 마음으로
이근풍 시집

발 행 일	2025년 2월 22일
지 은 이	이근풍
발 행 인	李憲錫
발 행 처	오늘의문학사
출판등록	제55호(1993년 6월 23일)
주　　소	대전광역시 동구 대전로 867번길 52(삼성동 한밭오피스텔 401호)
전화번호	(042)624-2980
팩시밀리	(042)628-2983
카　　페	http://cafe.daum.net/gljang(문학사랑 글짱들)
인터넷신문	www.k-artnews.kr(한국예술뉴스)
전자우편	hs2980@daum.net
계좌번호	농협 405-02-100848(이헌석 오늘의문학사)

공 급 처	한국출판협동조합
주문전화	(02)716-5616
팩시밀리	(02)716-2999

ISBN 979-11-6493-364-8
값 10,000원

ⓒ이근풍 2025

* 이 책의 판권은 저작권자와 오늘의문학사에 있습니다.
* 이 책은 E-Book(전자책)으로 제작되어 ㈜교보문고에서 판매합니다.
* 잘못 만들어진 책은 구입하신 서점에서 교환해 드립니다.